现代汉语

3500

高频常用字

臧 磊 书 华夏万卷 编

教学版

楷书 行楷

上海交通大学出版社
SHANGHAI JIAO TONG UNIVERSITY PRESS

图书在版编目（CIP）数据

现代汉语3500高频常用字. 楷书/行楷：教学版 / 臧磊书；华夏万卷编. —上海：上海交通大学出版社，2020

ISBN 978-7-313-23074-4

Ⅰ.①现⋯ Ⅱ.①臧⋯ ②华⋯ Ⅲ.①硬笔字—楷书—法帖 ②硬笔字—行楷—法帖 Ⅳ.①J292.12

中国版本图书馆 CIP 数据核字（2020）第 041703 号

现代汉语 3500 高频常用字（楷书/行楷）·教学版
XIANDAI HANYU 3500 GAOPIN CHANGYONGZI (KAISHU/XINGKAI)·JIAOXUE BAN

臧 磊 书　华夏万卷 编

出版发行：上海交通大学出版社　　地　　址：上海市番禺路 951 号
邮政编码：200030　　　　　　　　电　　话：021-64071208
印　　刷：成都蜀望印务有限公司　　经　　销：全国新华书店
开　　本：889mm×1194mm　1/16　　印　　张：12
字　　数：96 千字
版　　次：2020 年 7 月第 1 版　　　　印　　次：2020 年 7 月第 1 次印刷
书　　号：ISBN 978-7-313-23074-4
定　　价：22.00 元

目录

撰	幢	16画	濒	糙	橙	橱	篡	踱	噩	篙	撼
翰	憾	螟	霍	冀	缰	鲸	蕾	擂	篱	燎	窿
蟆	螟	穆	螃	篷	瓢	黔	擎	腐	蹂	儒	霎
檀	膳	薇	懈	薛	瘾	鹦	噪	撤	17画	癌	簇
瞪	鳄	壕	嚎	徽	豁	礁	爵	儡	瞭	镣	磷
檩	檬	朦	糜	藐	懦	臊	赡	曙	蟀	瞬	蹋
檀	瞳	臀	魏	蟋	檐	18画	璧	戳	襟	癞	藕
瀑	鳍	藤	嚣	瞻	19画	鳌	簸	簿	蹭	蹬	羹
靡	蘑	孽	蟹	癣	攒	藻	20画	鬓	鳞	糯	譬
攘	蠕	巍	21画	蹿	霹	髓	22画	瓢	镶	蘸	24画
矗											

曲折符

ㄥ

曲折符常用于撇和横撇的连写，两撇平行，横笔略向右上斜。

鱼 兔 负 色 危

控笔训练

　　为什么写字歪歪扭扭？为什么临摹了一堆字帖，还是写不好字？运笔不流畅，书写不稳定，为什么？——不是不努力，不是不用心，更不是没天分，只因为没有练好控笔。

　　什么是控笔？

　　控笔是指控制笔的操作技巧与运用能力。通过控笔训练，能有效锻炼手的腕力及手眼的协调能力，从而提升练字效果。这里我们提供了一些控笔训练图形，以画横线、竖线、斜线、折线、弧线等方式，训练指法和腕法，帮助你掌握书写节奏，为练字打好基础。

相关笔画: 右点、长横、悬针竖、长撇

硼	鹏	频	聘	蒲	跷	寝	蓉	溶	腮	瑟	煞
嗜	署	蜀	溯	嗦	搪	誊	颠	蜕	嗡	蜗	蜈
鹉	媳	暇	锨	腺	楔	嗅	靴	衙	肆	溢	颖
蛹	猿	斟	稚	锥	浑	14画	蔼	熬	碣	蝉	雌
粹	熔	嘀	嫡	蝶	镀	孵	箍	寡	赫	褐	箕
碱	酵	兢	慷	寥	蔓	幔	摹	蔫	喊	榕	僧
墅	漱	隧	谭	碳	舔	褪	蔚	瘟	熙	辖	箫
漩	熏	漾	缨	踊	舆	猿	彰	蔗	榛	赘	15画
鞍	澳	懊	磅	褒	蝙	膘	憋	瘪	嘲	澈	澄
醇	撮	墩	樊	敷	蝠	橄	稿	憨	鹤	嘿	蝗
稽	鲫	磕	蝌	澜	鲤	撩	嘹	潦	缭	凛	瘤
篓	履	撵	碾	镊	潘	澎	翩	谴	憔	撬	擒
褥	蕊	嘶	瘫	潭	豌	嬉	蝎	豫	蕴	憎	樟

连折符

ㄥ

连折符，书写时要笔意连绵，上下折笔以牵丝代折，如写连横，线条自然流畅。

紫 累 紧 素 絮

相关笔画：斜捺、横折、竖折、横钩、竖提

综 12画 隘 跋 瓣 谤 惫 悖 渤 跛 搀 畴

揣 赐 搓 锉 氮 蒂 缔 奠 鼎 痘 牍 敦

遏 愕 筏 焚 赋 雇 棺 蛤 酤 韩 葫 痪

惶 蛔 棘 颊 溅 蒋 窖 窘 鹃 竣 揩 溃

揽 缆 榔 棱 雳 痢 晾 琳 硫 缕 氯 媒

媚 缅 渺 募 湃 彭 嵌 翘 琼 搔 骚 甥

赎 黍 酥 粟 遂 棠 啼 椭 腕 猬 晰 犀

湘 翔 硝 锌 猩 婿 喧 腌 蜒 堰 椰 腋

揖 壹 逾 喻 寓 粤 凿 喳 滞 椎 琢 揍

13画 靶 蓖 痹 缤 禀 嗤 痴 雏 椿 碘 碉

锭 睹 跺 辐 缚 褂 瑰 蒿 幌 畸 辑 猴

剿 靖 楷 窟 筷 窥 魁 廓 榄 酪 楞 漓

馏 裸 锚 楣 锰 瞄 谬 馍 寞 睦 腻 溺

相关笔画：斜钩、卧钩、横折折折钩、撇折、横撇

鸳	莹	驾	袁	耘	砸	赃	斋	疹	挚	衷	桩
谆	酌	11画	庵	绷	绷	匾	彪	彬	舶	埠	曹
掺	阐	猖	绰	巢	捶	淳	崔	悴	措	禅	铛
裆	祷	掂	淀	惦	谍	兜	舵	堕	菲	啡	麸
袱	梗	菇	硅	涵	焊	鸿	唬	淮	焕	凰	晦
秽	祭	寂	矫	秸	眷	勘	铐	啃	眶	盔	傀
琅	敛	聊	菱	蛉	翎	琉	颅	铝	啰	逻	曼
冕	铭	捺	捻	徘	烹	啤	颇	菩	脯	畦	崎
掐	乾	蚯	蛆	躯	娶	痊	萨	啥	奢	赊	赦
笙	淑	庶	涮	硕	梭	琐	趟	笤	唾	惋	婉
偎	姜	谓	尉	梧	晤	铣	徙	舷	厢	萧	淆
啸	谐	衅	酗	涯	阎	谚	掖	谒	逸	淫	婴
萤	淤	隅	渊	酝	铡	绽	趾	掷	窒	蛀	缀

横撇弯钩

了

横撇弯钩一般出现在左、右耳刀，在左时宜小，在右时宜大，整体呈右上扬的姿态。

邓 队 都 阳 邦

常用字(2500 字)·楷书

　　《现代汉语常用字表》分为常用字(2500 字)和次常用字(1000 字)两个部分。根据汉字的使用频率，这里选取了学习、工作和生活中使用频率最高的汉字。掌握了这些常用字，能让日常书写顺畅自如，书写水平得到明显提高。字帖中讲解了楷书和行楷两种字体，本部分为楷书字体的 2500 个常用字。下面我们将这些字按照"笔画＋音序"的规则进行排列，以便大家查字和练习。建议搭配田字格本临写练习，也可以在空白纸张上反复练习，直至完全掌握。

1画	一	乙	2画	八	卜	厂	刀	丁	儿	二	几
九	了	力	乃	七	人	入	十	又	3画	才	叉
川	寸	大	凡	飞	干	个	工	弓	广	及	己
巾	久	口	亏	马	么	门	女	乞	千	刃	三
山	上	勺	尸	士	土	丸	万	亡	卫	夕	习
下	乡	小	也	已	亿	义	于	与	丈	之	子
4画	巴	办	贝	比	币	不	仓	车	尺	仇	丑
从	丹	订	斗	队	乏	反	方	分	丰	风	凤
夫	父	冈	公	勾	互	户	化	幻	火	计	见
介	斤	今	仅	井	巨	开	孔	历	六	毛	木

左点

书写左点时要注意行笔方向和长度。入笔要轻，向左下方斜行，整体上细下粗，不要写得过长。

小	示	办	赤

扫码看视频

玲 胧 娄 峦 洛 昧 咪 闽 钠 娜 昵 柠

钮 虐 鸥 胚 屏 柴 荞 契 荞 俏 钦 氢

茸 飒 砂 册 屎 拭 特 烁 胎 恬 洼 诬

涎 挟 恤 炫 勋 逊 衍 砚 姚 奕 茵 荧

哟 坐 陨 蚤 栅 毡 栈 昭 狰 拯 盅 轴

咨 籽 **10画** 埃 氨 俺 捌 笆 颁 梆 蚌 豹

荸 哺 豺 逞 瓷 挫 捣 涤 蚪 诽 羔 哽

耿 蚣 逛 郭 捍 悍 哼 桦 涣 唧 贾 钾

涧 倔 峻 骏 胯 莱 唠 烙 哩 莉 砾 赁

凌 赂 荞 铆 娩 悯 馁 匿 脓 诺 耙 耙

畔 砰 圃 浦 栖 凄 脐 峭 窃 秦 卿 涩

栖 恕 栓 笋 祟 唆 袒 剔 涕 捅 驼 桅

案 涡 梧 哮 殉 蚜 唁 鸯 舀 胰 殷 蚓

技法讲解

竖折折钩

ㄅ

书写竖折折钩的时候要
注意竖笔略向左斜，第二个转
折处要自然圆转，出钩略长。

窍 巧 岛 写 钙

内	牛	匹	片	仆	气	欠	切	区	犬	劝	仁
认	仍	日	少	什	升	氏	手	书	双	水	太
天	厅	屯	瓦	王	为	文	乌	无	五	午	勿
心	凶	牙	以	艺	忆	引	尤	友	予	元	月
云	匀	允	扎	长	支	止	中	爪	专	5画	扒
白	半	包	北	本	必	边	丙	布	册	斥	出
处	匆	丛	打	代	旦	叨	电	叼	叮	东	冬
对	发	犯	付	甘	功	古	瓜	归	汉	号	禾
乎	汇	击	饥	记	加	甲	叫	节	纠	旧	句
卡	刊	可	兰	乐	礼	厉	立	辽	另	令	龙
矛	们	灭	民	末	母	目	奶	尼	鸟	宁	奴
皮	平	扑	巧	且	丘	去	让	扔	闪	申	生
圣	失	石	史	示	世	市	术	甩	帅	司	丝

右点

右点是应用得较为广泛的点画，行笔由轻到重，从左上向右下书写。

扫码看视频

巫	芜	坞	匦	肖	芯	汹	轩	柳	邑	吟	佑
诈	杖	哎	肘	坚	灼	姊	诎	**8画**	哎	肮	绊
苞	卑	贬	枣	叔	刹	侈	宠	矾	肪	氛	忿
枫	拂	疙	苟	咕	沽	卦	诡	刽	函	杭	呵
弧	佬	疾	驹	诅	炬	咖	苛	坷	坤	咙	陋
侣	氓	玫	枚	弥	觅	泌	茉	陌	拇	姆	奈
狞	拧	咛	拗	疟	殴	帕	庞	咆	坯	坪	歧
祈	泣	怯	叁	苫	呻	绅	虱	枢	苔	昙	屉
拓	宛	枉	瓮	昔	侠	奄	肴	绎	郁	岳	胀
沼	怔	帚	咒	拄	贮	拙	茁	卓	卒	**9画**	泵
秕	勃	茬	祠	玷	眈	钝	哆	垛	俄	饵	贰
钙	柑	拱	垢	闺	骇	侯	徊	宦	恍	茴	诲
荤	枷	羑	柬	诫	荆	韭	钧	拷	荔	俐	咧

横折折折钩

横折折折钩入笔较轻，横笔左低右高，转折处的角度各不相同，末尾出钩，有时为了书写简便也会省略钩笔。

扔 秀 盈 仍 携

四 他 它 台 叹 讨 田 头 外 未 务 仙

写 兄 穴 训 讯 央 业 叶 仪 议 印 永

用 由 右 幼 玉 孕 仔 轧 占 仗 召 正

只 汁 主 左 **6画** 安 百 毕 闭 冰 并 产

场 臣 尘 成 吃 池 驰 冲 充 虫 传 闯

创 此 次 存 达 当 导 灯 地 吊 丢 动

多 夺 朵 而 耳 伐 帆 防 仿 访 份 讽

伏 负 妇 刚 各 巩 共 关 观 光 轨 过

汗 行 好 合 红 后 划 华 欢 灰 回 会

伙 圾 机 肌 吉 级 纪 夹 价 尖 奸 件

江 讲 匠 交 阶 尽 决 军 扛 考 扣 夸

扩 老 列 劣 刘 论 妈 吗 买 迈 芒 忙

米 名 那 年 农 兵 乒 朴 齐 岂 企 迁

横画

一

横画是书写中最常见的笔画之一,一般以左低右高、略带斜势为佳。它的长短影响着字的整体结构。

三 天 千 玉

扫码看视频

次常用字(1000字)·行楷

次常用 1000 字虽然比前面的 2500 字使用频率稍低,但在我们的日常学习、生活中还是会经常遇到,所以也需要我们能够辨认、使用。本部分为行楷字体的 1000 个次常用字。有了前面 2500 字的书写基础,写好这 1000 个字就不再是难事了。本部分文字同样按照"笔画+音序"的方式排列,帮助大家更有效率地练习。

2画	匕 刁	4画	歹 邓 丐 戈 讥 仓 冗 夭
5画	艾 凹 叭 尔 冯 夯 叽 卢 皿 囚 矢
凸 玄 乍	6画	邦 弛 讹 凫 亥 讳 阱 臼
诀 肋 吏 伦 吕 迄 纫 芍 讼 廷 驮 邢
凼 吁 旭 汛 驯 讦 吆 伊 夷 屹 迂 芋
仲 妆	7画	芭 扳 狈 庇 沧 杈 忱 囱 伽
甸 妒 兑 扼 吠 芙 甫 肛 汞 罕 沪 妓
芥 鸠 玖 灸 坎 吭 抠 沥 吝 庐 卤 抡
沦 玛 牡 沐 呐 扒 呕 刨 沛 屁 呛 岖
韧 闰 杉 抒 吮 伺 汰 彤 囵 苇 纬 吻

横斜钩

乙

横斜钩的横笔左低右高,转折处折笔向下,顺势写弯,弧度不要过大,出钩向上。

风 凤 汽 讯 执

乔	庆	曲	权	全	任	肉	如	伞	扫	色	杀
伤	舌	设	师	式	似	收	守	死	寺	岁	孙
她	汤	同	吐	团	托	网	妄	危	伟	伪	问
污	伍	西	吸	戏	吓	先	纤	向	协	邪	刑
兴	休	朽	许	血	旬	寻	巡	迅	压	亚	延
厌	扬	羊	阳	仰	爷	页	衣	亦	异	因	阴
优	有	屿	宇	羽	约	杂	再	在	早	则	宅
兆	贞	阵	争	芝	执	旨	至	众	舟	州	朱
竹	庄	壮	自	字	7画	阿	把	坝	吧	伴	扮
报	别	兵	伯	驳	补	步	材	财	灿	苍	层
岔	肠	抄	吵	扯	彻	辰	沉	陈	呈	迟	赤
初	串	床	吹	纯	词	村	呆	但	岛	低	弟
盯	钉	冻	抖	豆	杜	肚	吨	返	饭	泛	坊

竖画

丨

竖画在字中起支柱作用，与横画配合形成字的骨架。在书写时，竖画一般要写得直挺有力。

个 十 士 正

扫码看视频

糖	蹄	薪	醒	燕	邀	赞	澡	赠	整	嘴	17画
臂	辫	擦	藏	戴	蹈	繁	鞠	糠	螺	瞧	霜
穗	霞	翼	赢	槽	燥	骤	18画	蹦	鞭	翻	覆
镰	鹰	19画	瓣	爆	颤	蹲	疆	警	攀	20画	灌
籍	嚼	魔	壤	嚷	耀	躁	21画	霸	蠢	露	22画
囊	23画	罐									

横折弯钩

乙

横折弯钩的横笔左低右高，折角不宜大，弯转圆润，末端向上出钩，出钩有力。

几 忆 旭 宪 挖

芳	妨	纺	芬	吩	纷	坟	佛	否	扶	抚	附
改	肝	杆	纲	岗	杠	告	更	攻	贡	沟	估
谷	龟	还	含	旱	何	宏	吼	护	花	怀	坏
鸡	极	即	技	忌	际	歼	坚	间	角	劫	戒
进	近	劲	究	局	拒	均	君	抗	壳	克	坑
库	块	快	狂	旷	况	困	来	劳	牢	冷	李
里	丽	励	利	连	良	两	疗	邻	伶	灵	芦
陆	卵	乱	驴	麦	没	每	闷	免	妙	亩	纳
男	你	尿	扭	纽	弄	努	判	抛	批	评	启
弃	汽	抢	芹	穷	求	驱	却	扰	忍	沙	纱
删	社	伸	身	沈	声	时	识	寿	束	私	宋
苏	诉	坛	体	条	听	投	秃	吞	妥	完	汪
忘	违	围	尾	位	纹	我	沃	呜	吴	希	系

撇画

丿

撇画常与捺画对称，在字中起着平衡和稳定重心的作用。写撇画要由重到轻，略带弧度。

少 月 后 瓜

扫码看视频

7画 F-X

精	静	境	聚	颗	酷	蜡	辣	璃	僚	榴	漏
萝	骡	馒	漫	慢	貌	蜜	蔑	模	膜	慕	暮
嫩	酿	膀	漂	撇	魄	谱	漆	旗	歉	墙	锹
敲	蜻	熔	赛	裳	誓	瘦	摔	嗽	酸	算	缩
稳	舞	熄	鲜	熊	需	演	疑	蝇	愿	遭	榨
摘	寨	遮	蜘	赚	15画	暴	播	踩	槽	潮	撤
撑	聪	醋	稻	德	蝶	懂	额	稿	横	蝴	糊
慧	稼	箭	僵	蕉	靠	黎	瞒	霉	摩	墨	劈
僻	篇	飘	潜	趣	撒	蔬	熟	撕	艘	踏	膛
躺	趟	踢	题	慰	膝	瞎	箱	橡	鞋	颜	毅
樱	影	增	震	镇	嘱	撞	踪	醉	遵	16画	薄
壁	避	辨	辩	餐	操	颠	雕	糕	衡	激	缴
镜	橘	篮	懒	磨	默	凝	膨	器	燃	融	薯

技法讲解

竖弯钩

〔 乚 〕

竖弯钩入笔略重，竖笔稍细，弯转圆润，弧度自然，出钩较长。

闲 县 孝 辛 形 杏 秀 序 芽 呀 严 言

杨 妖 冶 医 役 译 饮 迎 应 佣 忧 邮

犹 余 园 员 远 运 灾 皂 灶 张 帐 找

折 这 针 诊 证 址 纸 志 助 住 抓 状

纵 走 足 阻 作 坐 **8画** 岸 昂 拔 爸 败

板 版 拌 饱 宝 抱 杯 备 奔 彼 变 表

拨 波 泊 怖 采 参 厕 侧 拆 昌 畅 炒

衬 诚 承 齿 抽 炊 垂 刺 担 单 诞 到

的 抵 底 典 店 钓 顶 定 法 范 贩 房

放 非 肥 肺 废 沸 奋 奉 肤 服 斧 府

咐 该 秆 供 狗 构 购 孤 姑 股 固 刮

乖 拐 怪 官 贯 规 柜 国 果 和 河 轰

呼 忽 狐 虎 画 话 环 昏 或 货 季 刹

技法讲解

捺画

捺画有斜捺、平捺和反捺三种：斜捺常与撇画搭配；平捺在字中起承托作用；反捺常用于带有两个以上捺画的字中。

文 之 食 奏

扫码看视频

缠	酬	稠	愁	筹	楚	触	锤	辞	慈	催	错
殿	叠	督	躲	蛾	蜂	缝	福	腹	概	感	搞
跟	鼓	跪	滚	槐	煌	毁	魂	嫁	煎	简	鉴
键	酱	解	锦	谨	禁	睛	舅	锯	跨	赖	蓝
滥	雷	廉	粮	梁	零	龄	溜	楼	碌	路	滤
锣	满	煤	蒙	盟	摸	漠	墓	幕	暖	蓬	碰
辟	签	遣	勤	鹊	群	瑞	塞	嗓	傻	摄	慎
输	鼠	数	睡	肆	塑	蒜	碎	塌	摊	滩	痰
塘	滔	腾	填	跳	腿	碗	微	雾	锡	溪	嫌
献	想	像	歇	携	新	腥	蓄	腰	摇	遥	意
榆	愚	愈	誉	源	韵	障	照	罩	蒸	置	罪
14画	榜	鼻	碧	蔽	弊	膊	察	磁	摧	翠	凳
滴	端	锻	腐	膏	歌	管	裹	豪	嘉	截	竭

技法讲解
JIFA JIANGJIE

横折钩

㇆

横折钩的横笔略向右上斜，竖笔可略内斜，出钩有力，横竖长短因字形而异。

司 句 匆 用 阔

佳	驾	肩	艰	拣	建	降	郊	杰	姐	届	金
茎	京	经	径	净	拘	居	具	卷	凯	炕	刻
肯	空	苦	矿	昆	垃	拉	拦	郎	泪	例	隶
怜	帘	练	林	岭	拢	奎	炉	虏	录	轮	罗
码	卖	盲	茅	茂	妹	孟	苗	庙	明	鸣	命
抹	沫	牧	闹	呢	泥	念	欧	爬	怕	拍	泡
佩	朋	披	贫	苹	凭	坡	泼	迫	妻	其	奇
浅	枪	侨	茄	青	顷	屈	取	券	乳	软	若
丧	衫	陕	尚	绍	舍	审	肾	诗	实	使	始
驶	势	事	侍	饰	试	视	受	叔	述	刷	饲
松	肃	所	抬	态	贪	坦	帖	图	兔	拖	驼
玩	往	旺	委	味	卧	武	物	析	细	贤	弦
现	限	线	详	享	些	胁	泄	泻	欣	幸	性

提画

书写提画由重到轻，从左下向右上斜行。在不同的字中，提画长短不一，走向也略有不同，书写时还要注意与右部笔画穿插避让。

扫码看视频

慌	辉	惠	惑	集	践	椒	焦	搅	揭	街	筋
晶	景	敬	揪	就	慨	堪	楝	渴	裤	款	筐
葵	愧	阔	喇	腊	联	链	量	裂	搂	鲁	屡
落	蛮	帽	棉	牌	跑	赔	喷	棚	脾	骗	铺
葡	普	期	欺	棋	谦	腔	强	琴	禽	晴	趄
确	裙	然	惹	揉	锐	散	嫂	森	厦	筛	善
赏	稍	剩	湿	释	舒	疏	暑	属	税	斯	搜
锁	塔	毯	提	替	蜓	艇	童	筒	痛	蛙	湾
喂	温	窝	握	稀	喜	隙	羡	销	谢	雄	锈
絮	循	雅	雁	焰	谣	遗	椅	硬	游	愉	遇
御	裕	援	缘	越	暂	葬	渣	掌	筝	植	殖
智	粥	蛛	煮	铸	筑	装	滋	紫	棕	最	尊
13画	矮	碍	暗	摆	搬	雹	碑	鄙	滨	搏	睬

卧钩

卧钩入笔要轻，向右下行笔写出弧度，后段较平，至笔画末端向左上出钩，整体不要写得过长。

| 怎 | 忠 | 恩 | 忘 | 惠 |

姓 学 询 押 岩 炎 沿 夜 依 宜 易 英

拥 咏 泳 油 鱼 雨 育 枣 责 择 泽 闸

沾 斩 胀 招 者 侦 枕 征 郑 枝 知 肢

织 直 侄 帜 制 质 治 忠 终 肿 周 宙

注 驻 转 宗 组　9画　哀 按 袄 疤 柏 拜

帮 绑 胞 保 背 扁 便 标 柄 饼 玻 残

草 测 茶 查 差 尝 钞 城 持 除 穿 疮

春 促 带 贷 待 怠 胆 挡 荡 帝 点 垫

栋 洞 陡 毒 独 度 段 盾 罚 阀 费 封

疯 俘 赴 复 竿 钢 缸 革 阁 给 宫 钩

骨 故 挂 冠 鬼 贵 哈 孩 贺 很 狠 恨

恒 虹 洪 哄 厚 胡 哗 荒 皇 挥 恢 绘

浑 活 急 挤 迹 济 既 架 茧 俭 荐 贱

斜钩

╲

斜钩的形态直中带弧。书写时入笔较重，从左上到右下行笔，均匀有力，末端向上出钩，出钩勿长。

成 戈 我 咸

扫码看视频

情	球	渠	圈	崔	商	梢	蛇	深	婶	渗	绳
盛	匙	授	售	兽	梳	爽	随	探	堂	掏	萄
淘	梯	惕	添	甜	停	铜	桶	偷	屠	推	脱
晚	望	唯	维	悉	惜	袭	掀	衔	馅	象	斜
械	宿	虚	绪	续	悬	旋	雪	崖	淹	掩	眼
痒	窑	野	液	移	银	隐	营	庸	悠	渔	域
欲	跃	粘	崭	章	着	睁	职	猪	著	啄	族
做	12画	傲	奥	斑	棒	傍	堡	悲	辈	逼	编
遍	博	裁	策	曾	插	馋	敞	超	朝	趁	程
惩	厨	锄	储	喘	窗	葱	窜	搭	答	道	登
等	堤	跌	董	赌	渡	短	缎	惰	鹅	番	粪
愤	锋	幅	傅	富	溉	港	搁	割	隔	葛	辜
棍	锅	寒	喊	喝	黑	喉	猴	湖	猾	滑	缓

 **斜钩**

书写斜钩时起笔轻顿笔，然后向右下方斜行，中部略带弧度，出钩向上，不要太长。

成 或 戒 我 喊

剑 将 姜 奖 浇 娇 骄 狡 饺 绞 觉 皆
洁 结 界 津 矩 举 绝 俊 砍 看 科 咳
客 垦 枯 垮 挎 括 栏 览 烂 姥 垒 类
厘 炼 俩 亮 临 柳 律 络 骆 蚂 骂 脉
茫 冒 贸 眉 美 迷 勉 面 秒 某 哪 耐
南 挠 恼 逆 浓 怒 挪 趴 派 盼 叛 胖
炮 盆 拼 品 砌 洽 恰 牵 前 窃 侵 亲
轻 秋 泉 染 饶 绕 荣 绒 柔 洒 神 甚
牲 省 胜 狮 施 拾 食 蚀 柿 是 适 室
首 树 竖 耍 拴 顺 说 思 送 诵 俗 虽
炭 逃 剃 挑 贴 亭 庭 挺 统 突 退 挖
娃 歪 弯 威 畏 胃 闻 屋 侮 误 洗 虾
峡 狭 咸 显 险 宪 相 香 响 项 巷 卸

卧钩

卧钩一般起承托作用。书写时入笔要轻，行笔由轻渐重，整体形扁横卧，前段斜，后段平，出钩向字心。

心 思 息 悲

扫码看视频

9画 J–X

脏 造 贼 窄 债 盏 展 站 涨 哲 浙 真

振 症 脂 值 致 秩 皱 珠 株 诸 逐 烛

准 捉 桌 资 租 钻 座 11画 笨 菠 脖 猜

彩 菜 惭 惨 铲 常 偿 唱 晨 崇 绸 船

凑 粗 逮 袋 淡 弹 蛋 盗 悼 得 笛 第

掉 堵 断 堆 符 辅 副 盖 敢 鸽 够 馆

惯 毫 盒 痕 患 黄 谎 婚 混 祸 基 寄

绩 假 检 减 剪 渐 脚 教 接 捷 惊 颈

竟 救 菊 据 距 惧 掘 菌 康 控 寇 啦

廊 勒 累 梨 犁 理 粒 脸 梁 辆 猎 淋

领 聋 笼 隆 鹿 宁 绿 掠 略 萝 麻 猫

梅 萌 猛 梦 眯 谜 密 绵 描 敏 谋 您

偶 排 盘 培 捧 偏 票 萍 婆 戚 骑 清

 竖折
└

书写竖折时先写竖笔，自然转折后向右写横笔，转折较圆。横竖长短视字形而定。

汇 臣 世 凶 匠

信	星	型	修	须	叙	宣	选	削	鸦	哑	咽
研	殃	洋	养	咬	药	要	钥	姨	蚁	疫	音
姻	盈	映	勇	诱	语	狱	怨	院	咱	怎	眨
炸	战	赵	珍	政	挣	指	钟	种	重	洲	昼
柱	祝	砖	追	浊	姿	总	奏	祖	昨	10画	啊
唉	挨	爱	案	罢	班	般	倍	被	笔	毙	宾
病	剥	捕	部	蚕	舱	柴	倡	称	乘	秤	耻
翅	臭	础	畜	唇	脆	耽	党	档	倒	敌	递
爹	都	逗	读	顿	恶	饿	恩	烦	匪	粉	峰
逢	浮	俯	赶	高	哥	胳	格	根	耕	恭	躬
顾	桂	海	害	航	耗	浩	荷	核	烘	候	壶
换	唤	晃	悔	贿	获	积	疾	脊	继	家	监
兼	捡	健	舰	浆	桨	胶	轿	较	借	紧	晋

技法讲解

横折

横折先写横笔，转折处稍顿后向下行笔写竖，转折处要有力，棱角分明。横、竖长短因字形而变化。

口 尺 见 五

扫码看视频

浸 竞 酒 俱 剧 捐 倦 绢 烤 课 恳 恐

哭 宽 框 捆 狼 朗 浪 捞 涝 狸 离 栗

莲 恋 凉 谅 料 烈 铃 陵 留 流 旅 虑

埋 秘 眠 莫 拿 难 脑 能 娘 捏 旁 袍

陪 配 疲 瓶 破 剖 起 铅 钱 钳 悄 桥

倾 请 拳 缺 热 容 辱 润 弱 桑 晒 扇

晌 捎 烧 哨 射 涉 逝 殊 衰 谁 颂 素

速 损 笋 索 泰 谈 唐 倘 烫 涛 桃 陶

套 特 疼 调 铁 通 桐 透 徒 途 涂 袜

顽 挽 蚊 翁 悟 牺 息 席 夏 陷 祥 消

宵 晓 校 笑 效 屑 胸 羞 袖 绣 徐 鸭

烟 盐 艳 宴 验 秧 氧 样 倚 益 谊 涌

娱 浴 预 冤 原 圆 阅 悦 晕 栽 载 宰

浸	竞	酒	俱	剧	捐	倦	绢	烤	课	恳	恐
哭	宽	框	捆	狼	朗	浪	捞	涝	狸	离	栗
莲	恋	凉	谅	料	烈	铃	陵	留	流	旅	虑
埋	秘	眠	莫	拿	难	脑	能	娘	捏	旁	袍
陪	配	疲	瓶	破	剖	起	铅	钱	钳	悄	桥
倾	请	拳	缺	热	容	辱	润	弱	桑	晒	扇
晌	捎	烧	哨	射	涉	逝	殊	衰	谁	颂	素
速	损	笋	索	泰	谈	唐	倘	烫	涛	桃	陶
套	特	疼	调	铁	通	桐	透	徒	途	涂	袜
顽	挽	蚊	翁	悟	牺	息	席	夏	陷	祥	消
宵	晓	校	笑	效	屑	胸	羞	袖	绣	徐	鸭
烟	盐	艳	宴	验	秧	氧	样	倚	益	谊	涌
娱	浴	预	冤	原	圆	阅	悦	晕	栽	载	宰

横撇

ㄱ

横撇要轻入笔，横笔略斜；撇笔要有弧度，撇身舒展，收笔出尖；横与撇的夹角勿大。

又 ㄆ 友 皮

扫码看视频

信 星 型 修 须 叙 宣 选 削 鸦 哑 咽

研 殃 洋 养 咬 药 要 钥 姨 蚁 疫 音

姻 盈 映 勇 诱 语 狱 怨 院 咱 怎 眨

炸 战 赵 珍 政 挣 指 钟 种 重 洲 昼

桂 祝 砖 追 浊 姿 总 奏 祖 昨 10画 啊

唉 挨 爱 案 罢 班 般 倍 被 笔 毙 宾

病 剥 捕 部 蚕 舱 柴 倡 称 乘 秤 耻

翅 臭 础 畜 唇 脆 耽 党 档 倒 敌 递

爹 都 逗 读 顿 恶 饿 恩 烦 匪 粉 峰

逢 浮 俯 赶 高 哥 胳 格 根 耕 恭 躬

顾 桂 海 害 航 耗 浩 荷 核 烘 候 壶

换 唤 晃 悔 贿 获 积 疾 脊 继 家 监

兼 捡 健 舰 浆 桨 胶 轿 较 借 紧 晋

脏	造	贼	窄	债	盏	展	站	涨	哲	浙	真
振	症	脂	值	致	秩	皱	珠	株	诸	逐	烛
准	捉	桌	资	租	钻	座	11画	笨	菠	脖	猜
彩	菜	惭	惨	铲	常	偿	唱	晨	崇	绸	船
凑	粗	逮	袋	淡	弹	蛋	盗	悼	得	笛	第
掉	堵	断	堆	符	辅	副	盖	敢	鸽	够	馆
惯	毫	盒	痕	患	黄	谎	婚	混	祸	基	寄
绩	假	检	减	剪	渐	脚	教	接	捷	惊	颈
竟	救	菊	据	距	惧	掘	菌	康	控	寇	啦
廊	勒	累	梨	犁	理	粒	脸	梁	辆	猎	淋
领	聋	笼	隆	鹿	率	绿	掠	略	萝	麻	猫
梅	萌	猛	梦	眯	谜	密	绵	描	敏	谋	您
偶	排	盘	培	捧	偏	票	萍	婆	戚	骑	清

横钩

技法讲解
JIFA JIANGJIE

横钩先写横笔，起笔稍轻，略向上斜，横末向右下方顿笔，再向左下出钩，出钩有力，钩身勿长。

宇 穴 亮 学

扫码看视频

剑	将	姜	奖	浇	娇	骄	狡	饺	绞	觉	皆
洁	结	界	津	矩	举	绝	俊	砍	看	科	咳
客	垦	枯	垮	挎	括	栏	览	烂	姥	垒	类
厘	炼	俩	亮	临	柳	律	络	骆	蚂	骂	脉
茫	冒	贸	眉	美	迷	勉	面	秒	某	哪	耐
南	挠	恼	逆	浓	怒	挪	趴	派	盼	叛	胖
炮	盆	拼	品	砌	洽	恰	牵	前	窃	侵	亲
轻	秋	泉	染	饶	绕	荣	绒	柔	洒	神	甚
牲	省	胜	狮	施	拾	食	蚀	柿	是	适	室
首	树	竖	耍	拴	顺	说	思	送	诵	俗	虽
炭	逃	剃	挑	贴	亭	庭	挺	统	突	退	挖
娃	歪	弯	威	畏	胃	闻	屋	侮	误	洗	虾
峡	狭	咸	显	险	宪	相	香	响	项	巷	卸

平捺

—

平捺的起笔要平,中段略向右下行笔,捺脚平向出锋,整体一波三折。

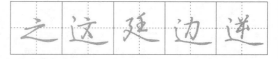

情 球 渠 圈 雀 商 梢 蛇 深 婵 渗 绳

盛 匙 授 售 兽 梳 爽 随 探 堂 掏 萄

淘 梯 惕 添 甜 停 铜 桶 偷 屠 推 脱

晚 望 唯 维 悉 惜 袭 掀 衔 馅 象 斜

械 宿 虚 绪 续 悬 旋 雪 崖 淹 掩 眼

痒 窑 野 液 移 银 隐 营 庸 悠 渔 域

欲 跃 粘 崭 章 着 睁 职 猪 著 啄 族

做 12画 傲 奥 斑 棒 傍 堡 悲 辈 逼 编

遍 博 裁 策 曾 插 馋 敞 超 朝 趁 程

惩 厨 锄 储 喘 窗 葱 窜 搭 答 道 登

等 堤 跌 董 赌 渡 短 缎 惰 鹅 番 粪

愤 锋 幅 傅 富 溉 港 搁 割 隔 葛 辜

棍 锅 寒 喊 喝 黑 喉 猴 湖 猾 滑 缓

竖折

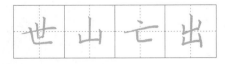
竖折先写竖笔，竖末转折向右写横笔。转折处要稍微停顿蓄势，横笔才会有力量感。

世 山 匕 出

扫码看视频

姓	学	询	押	岩	炎	沿	夜	依	宜	易	英
拥	咏	泳	油	鱼	雨	育	枣	责	择	泽	闸
沾	斩	胀	招	者	侦	枕	征	郑	枝	知	肢
织	直	侄	帜	制	质	治	忠	终	肿	周	宙
注	驻	转	宗	组	9画	哀	按	袄	疤	柏	拜
帮	绑	胞	保	背	扁	便	标	柄	饼	玻	残
草	测	茶	查	差	尝	钞	城	持	除	穿	疮
春	促	带	贷	待	怠	胆	挡	荡	帝	点	垫
栋	洞	陡	毒	独	度	段	盾	罚	阀	费	封
疯	俘	赴	复	竿	钢	缸	革	阁	给	宫	钩
骨	故	挂	冠	鬼	贵	哈	孩	贺	很	狠	恨
恒	虹	洪	哄	厚	胡	哗	荒	皇	挥	恢	绘
浑	活	急	桥	迹	济	既	架	茧	俭	荐	贱

斜捺

斜捺入笔轻盈,向右下行笔,临近末端处笔势由斜向改为平向出锋。

| 又 | 泳 | 丈 | 哈 | 茶 |

慌	辉	惠	惑	集	践	椒	焦	搅	揭	街	筋
晶	景	敬	揪	就	慨	堪	棵	渴	裤	款	筐
葵	愧	阔	喇	腊	联	链	量	裂	搂	鲁	屡
落	蛮	帽	棉	牌	跑	赔	喷	棚	脾	骗	铺
葡	普	期	欺	棋	谦	腔	强	琴	禽	晴	趋
确	裙	然	惹	揉	锐	散	嫂	森	厦	筛	善
赏	稍	剩	湿	释	舒	疏	暑	属	税	斯	搜
锁	塔	毯	提	替	蜓	艇	童	筒	痛	蛙	湾
喂	温	窝	握	稀	喜	隙	羡	销	谢	雄	锈
絮	循	雅	雁	焰	谣	遗	椅	硬	游	愉	遇
御	裕	援	缘	越	暂	葬	渣	掌	筝	植	殖
智	粥	蛛	煮	铸	筑	装	滋	紫	棕	最	尊
13画 矮	碍	暗	摆	搬	雹	碑	鄙	滨	搏	睬

技法讲解 JIFA JIANGJIE

竖钩 ⏐

竖钩起笔稍顿，先写竖笔，垂直下行，至末尾处转笔向左上方出钩。整体要写直，出钩不要长。

丁 可 水 寸

扫码看视频

佳	驾	肩	艰	拣	建	降	郊	杰	姐	届	金
荟	京	经	径	净	拘	居	具	卷	凯	忼	刻
肯	空	苦	矿	昆	垃	拉	拦	郎	泪	例	隶
怜	帘	练	林	岭	拢	垄	炉	虏	录	轮	罗
码	卖	盲	茅	茂	姝	盂	苗	庙	明	鸣	命
抹	沫	牧	闹	呢	泥	念	欧	爬	怕	拍	泡
佩	朋	披	贫	苹	凭	坡	泼	迫	妻	其	奇
浅	枪	侨	茄	青	顷	屈	取	卷	乳	软	若
衰	衫	陕	尚	绍	舍	审	肾	诗	实	使	始
驶	势	事	侍	饰	试	视	受	叔	述	刷	饲
松	肃	所	抬	态	贪	坦	帖	图	兔	拖	驼
玩	往	旺	委	味	卧	武	物	析	细	贤	弦
现	限	线	详	享	些	胁	泄	泻	欣	幸	性

技法讲解

回折撇

撇末转向右上提出，夹角较小。多用于木字旁、禾木旁、示字旁等偏旁，代替撇、点。

杆 祥 和 视 松

缠	酬	稠	愁	筹	楚	触	锤	辞	慈	催	错
殿	叠	督	躲	蛾	蜂	缝	福	腹	概	感	搞
跟	鼓	跪	滚	槐	煌	毁	魂	嫁	煎	简	鉴
键	酱	解	锦	谨	禁	睛	舅	锯	跨	赖	蓝
滥	雷	廉	粮	梁	零	龄	溜	楼	碌	路	滤
锣	满	煤	蒙	盟	摸	漠	墓	幕	暖	蓬	碰
辟	签	遣	勤	鹊	群	瑞	塞	嗓	傻	摄	慎
输	鼠	数	睡	肆	塑	蒜	碎	塌	摊	滩	痰
塘	滔	腾	填	跳	腿	碗	微	雾	锡	溪	嫌
献	想	像	歇	携	新	腥	蓄	腰	摇	遥	意
榆	愚	愈	誉	源	韵	障	照	罩	蒸	置	罪
14画	榜	鼻	碧	蔽	弊	膊	察	磁	摧	翠	凳
滴	端	锻	腐	膏	歌	管	裹	豪	嘉	截	竭

技法讲解

竖提

竖提先写竖笔，至末尾处轻顿后向右上提出。要注意提笔指向与后面笔画的呼应关系。

长 民 农 良

扫码看视频

闲 县 孝 辛 形 杏 秀 序 芽 呀 严 言

杨 妖 冶 医 役 译 饮 迎 应 佣 忧 邮

犹 余 园 员 远 运 灾 皂 灶 张 帐 找

折 这 针 诊 证 址 纸 志 助 住 抓 状

纵 走 足 阻 作 坐 8画 岸 昂 拔 爸 败

板 版 拌 饱 宝 抱 杯 备 奔 彼 变 表

拨 波 泊 怖 采 参 厕 侧 拆 昌 畅 炒

衬 诚 承 齿 抽 炊 垂 刺 担 单 诞 到

的 抵 底 典 店 钓 顶 定 法 范 贩 房

放 非 肥 肺 废 沸 奋 奉 肤 服 斧 府

咐 该 秆 供 狗 构 购 孤 姑 股 固 刮

乖 拐 怪 官 贯 规 柜 国 果 和 河 轰

呼 忽 狐 虎 画 话 环 昏 或 货 季 剂

精	静	境	聚	颗	酷	蜡	辣	璃	僚	榴	漏
箩	骡	馒	漫	慢	貌	蜜	蔑	模	膜	慕	暮
嫩	酿	膀	漂	撇	魄	谱	漆	旗	歉	墙	锹
敲	蜻	熔	赛	裳	誓	瘦	摔	嗽	酸	算	缩
稳	舞	熄	鲜	熊	需	演	疑	蝇	愿	遭	榨
摘	寨	遮	蜘	赚	15画	暴	播	踩	槽	潮	撤
撑	聪	醋	稻	德	蝶	懂	额	稿	横	蝴	糊
慧	稼	箭	僵	蕉	靠	黎	瞒	霉	摩	墨	劈
僻	篇	飘	潜	趣	撒	蔬	熟	撕	艘	踏	膛
躺	趟	踢	题	慰	膝	瞎	箱	橡	鞋	颜	毅
樱	影	增	震	镇	嘱	撞	踪	醉	遵	16画	薄
壁	避	辨	辩	餐	操	颠	雕	糕	衡	激	缴
镜	橘	篮	懒	磨	默	凝	膨	器	燃	融	薯

撇折

ㄥ

撇折先写撇，撇末顿笔后向右上写提，撇与提形成一个角度稍小的夹角。不同的字中，撇、提的长度略有不同。

么 幺 法 松

扫码看视频

芳 妨 纺 芬 吩 纷 坟 佛 否 扶 抚 附

改 肝 杆 纲 岗 杠 告 更 攻 贡 沟 估

谷 龟 还 含 旱 何 宏 吼 护 花 怀 坏

鸡 极 即 技 忌 际 歼 坚 间 角 劫 戒

进 近 劲 究 局 拒 均 君 抗 壳 克 坑

库 块 快 狂 旷 况 困 来 劳 牢 冷 李

里 丽 励 利 连 良 两 疗 邻 伶 灵 芦

陆 卵 乱 驴 麦 没 每 闷 免 妙 亩 纳

男 你 尿 扭 纽 弄 努 判 抛 批 评 启

弃 汽 抢 芹 穷 求 驱 却 扰 忍 沙 纱

删 社 伸 身 沈 声 时 识 寿 束 私 宋

苏 诉 坛 体 条 听 投 秃 吞 妥 完 汪

忘 违 围 尾 位 纹 我 沃 呜 吴 希 杀

技法讲解
JIFA JIANGJIE

附钩竖

丨

竖画下行至末端,向左上
带出钩挑,与下笔呼应衔接,
出钩不要长。

朩 朿 朩 朿 怀

糖	蹄	薪	醒	燕	邀	赞	澡	赠	整	嘴	17画
臂	辫	擦	藏	戴	蹈	繁	鞠	糠	螺	瞧	霜
穗	霞	翼	赢	糟	燥	骤	18画	蹦	鞭	翻	覆
镰	鹰	19画	瓣	爆	颤	蹲	疆	警	攀	20画	灌
籍	嚼	魔	壤	嚷	耀	躁	21画	霸	蠹	露	22画
囊	23画	罐

撇点

乀

撇点先向左下行笔写撇，撇末折笔向右下由轻到重写长点。撇点常出现在"女"字中。

女 妥 如 巡

乔 庆 曲 权 全 任 肉 如 伞 扫 色 杀

伤 吉 设 师 式 似 收 守 死 寺 岁 孙

她 汤 同 吐 团 托 网 妄 危 伟 伪 问

污 伍 西 吸 戏 吓 先 纤 向 协 邪 刑

兴 休 朽 许 血 旬 寻 巡 迅 压 亚 延

厌 扬 羊 阳 仰 爷 页 衣 亦 异 因 阴

优 有 屿 宇 羽 约 杂 再 在 早 则 宅

兆 贞 阵 争 芝 执 旨 至 众 舟 州 朱

竹 庄 壮 自 字 7画 阿 把 坝 吧 伴 扮

报 别 兵 伯 驳 补 步 材 财 灿 苍 层

岔 肠 抄 吵 扯 彻 辰 沉 陈 呈 迟 赤

初 串 床 吹 纯 词 村 呆 但 岛 低 弟

盯 钉 冻 抖 豆 杜 肚 吨 返 饭 泛 坊

悬针竖

|
↓

行楷悬针竖的书写方法和楷书基本相同，起笔略顿，向下行笔，尾部出锋，整体直挺。

次常用字(1000 字)·楷书

次常用 1000 字虽然比前面的 2500 字使用频率稍低,但在我们的日常学习、生活中还是会经常遇到,所以也需要我们能够辨认、使用。本部分为楷书字体的 1000 个次常用字。有了前面 2500 字的书写基础,写好这 1000 个字就不再是难事了。本部分汉字同样按照"笔画+音序"的方式排列,帮助大家更有效率地练习。

2画	匕	刁	4画	歹	邓	丐	戈	讥	仑	冗	夭
5画	艾	凹	叭	尔	冯	夯	叽	卢	皿	囚	矢
凸	玄	乍	6画	邦	弛	讹	凫	亥	讳	阱	臼
诀	肋	吏	伦	吕	迄	纫	芍	讼	廷	驮	邢
匈	吁	旭	汛	驯	讶	吆	伊	夷	屹	迂	芋
仲	妆	7画	芭	扳	狈	庇	沧	杈	忱	囱	佃
甸	妒	兑	扼	吠	芙	甫	肛	汞	罕	沪	妓
芥	鸠	玖	灸	坎	吭	抠	沥	吝	庐	卤	抡
沦	玛	牡	沐	呐	拟	呕	刨	沛	屁	呛	岖
韧	闰	杉	抒	吮	伺	汰	彤	囤	苇	纬	吻

横折钩 ┐

书写横折钩时横笔入笔要轻,竖笔因字形的不同可直挺可内收,出钩向左上,短而有力。

扫码看视频

2-6画 7画 B-W

四	他	它	台	叹	讨	田	头	外	未	务	仙
写	兄	穴	训	讯	央	业	叶	仪	议	印	永
用	由	右	幼	玉	孕	仔	扎	占	仗	召	正
只	汁	主	左	6画	安	百	毕	闭	冰	并	产
场	臣	尘	成	吃	池	驰	冲	充	虫	传	闯
创	此	次	存	达	当	导	灯	地	吊	丢	动
多	夺	朵	而	耳	伐	帆	防	仿	访	份	讽
伏	负	妇	刚	各	巩	共	关	观	光	轨	过
汗	行	好	合	红	后	划	华	欢	灰	回	会
伙	圾	机	肌	吉	级	纪	夹	价	尖	奸	件
江	讲	匠	交	阶	尽	决	军	扣	考	扣	夸
扩	老	列	劣	刘	论	妈	吗	买	迈	芒	忙
米	名	那	年	农	兵	乒	朴	齐	岂	企	迁

附钩横

一

轻入笔，整体左低右高，末端出钩，或向上引带，或向下启带。

| 三 | 犬 | 老 | 者 | 汗 |

巫	芜	坞	匣	肖	芯	凶	轩	抑	邑	吟	佑
诈	杖	吱	肘	坠	灼	姊	诅	8画	哎	肮	绊
苞	卑	贬	秉	衩	刹	侈	宠	矾	肪	氛	忿
枫	拂	疙	苟	咕	沽	卦	诡	刽	函	杭	呵
弧	侥	疾	驹	沮	炬	咖	苛	坷	坤	咙	陋
侣	氓	玫	枚	弥	觅	泌	茉	陌	拇	姆	奈
狞	拧	泞	拗	疟	殴	帕	庞	咆	坯	坪	歧
祈	泣	怯	叁	苫	呻	绅	虱	枢	苔	昙	屉
拓	宛	枉	瓮	昔	侠	奄	肴	绎	郁	岳	账
沼	怔	帚	咒	拄	贮	拙	茁	卓	卒	9画	泵
秕	勃	茬	祠	玷	眄	钝	哆	垛	俄	饵	贰
钙	柑	拱	垢	闺	骇	侯	徊	宦	恍	茴	诲
荤	枷	荚	柬	诫	荆	韭	钧	拷	荔	俐	咧

内	牛	匹	片	仆	气	欠	切	区	犬	劝	仁
认	仍	日	少	什	升	氏	手	书	双	水	太
天	厅	屯	瓦	王	为	文	乌	无	五	午	勿
心	凶	牙	以	艺	忆	引	尤	友	予	元	月
云	匀	允	扎	长	支	止	中	爪	专	5画	扒
白	半	包	北	本	必	边	丙	布	册	斥	出
处	匆	丛	打	代	旦	叨	电	叼	叮	东	冬
对	发	犯	付	甘	功	古	瓜	归	汉	号	禾
乎	汇	击	饥	记	加	甲	叫	节	纠	旧	句
卡	刊	可	兰	乐	礼	厉	立	辽	另	令	龙
矛	们	灭	民	末	母	目	奶	尼	鸟	宁	奴
皮	平	扑	巧	且	丘	去	让	扔	闪	申	生
圣	失	石	史	示	世	市	术	甩	帅	司	丝

右点

起势与左点呼应,向左出锋。当右点为首笔且位于正中时,注意与下方的竖画对正。

| 斥 | 甫 | 永 | 兴 | 文 |

玲	胧	姜	峦	洛	昧	咪	闽	钠	娜	昵	柠
钮	虐	鸥	胚	屏	柒	荞	契	荛	俏	钦	氢
茸	飒	砂	珊	屎	拭	恃	烁	胎	恬	洼	诳
涎	挟	恤	炫	勋	逊	衍	砚	姚	奕	茵	茯
哟	幽	陨	蚤	栅	毡	栈	昭	狰	拯	蛊	轴
咨	籽	10画	埃	氨	俺	捌	笆	颁	梆	蚌	豹
荸	哺	豺	逞	瓷	挫	捣	涤	蚪	诽	羔	埂
耿	蚣	逛	郭	捍	悍	哼	桦	涣	唧	贾	钾
涧	倔	峻	骏	胯	莱	唠	烙	哩	莉	砾	赁
凌	赂	荬	铆	娩	悯	馁	匿	聂	脓	诺	耙
畔	砒	圃	浦	栖	凄	脐	峭	窍	秦	卿	涩
秫	恕	栓	笋	祟	唆	袒	剔	涕	捅	鸵	桅
桨	涡	梧	哮	殉	蚜	唁	鸯	舀	胰	殷	蚓

技法讲解 JIFA JIANGJIE

竖折折钩

与

竖折折钩有两个转折：第一个转折从竖到横，转折方正；第二个转折从横到竖，转折圆润。

与 乌 鸟 马

扫码看视频

常用字(2500 字)·行楷

　　《现代汉语常用字表》分为常用字(2500 字)和次常用字(1000 字)两个部分。根据汉字的使用频率,这里选取了学习、工作和生活中使用频率最高的汉字。掌握了这些常用字,能让日常书写顺畅自如,书写水平得到明显提高。本部分为行楷字体的 2500 个常用字。下面我们将这些字按照"笔画+音序"的规则进行排列,以便大家查字和练习。建议搭配田字格本临写练习,也可以在空白纸张上反复练习,直至完全掌握。

左点

轻入笔,顿笔后向右上出锋,笔锋不要过长。在行楷书写中,左点与其他笔画经常是笔断意连。

鸾	莹	驾	袁	耘	砸	赃	斋	疹	挚	衷	桩
谆	酌	**11画**	庵	崩	绷	匾	彪	彬	舶	埠	曹
掺	阐	猖	绰	巢	捶	淳	崔	悴	措	掸	铛
裆	祷	掂	淀	惦	谍	兜	舵	堕	菲	啡	麸
祓	梗	菇	硅	涵	焊	鸿	唬	淮	焕	凰	晦
秽	祭	寂	矫	秸	眷	勘	铐	啃	眶	盔	傀
琅	敛	聊	菱	蛉	翎	琉	颅	铝	啰	逻	曼
晃	铭	捺	捻	徘	烹	啤	颇	菩	脯	畦	崎
掐	乾	蚯	蛆	躯	娶	痊	萨	啥	奢	赊	赦
笙	淑	庶	涮	硕	梭	琐	尚	笤	唾	惋	婉
偎	萎	谓	尉	梧	晤	铣	徙	舷	厢	萧	淆
啸	谐	蚌	酗	涯	阉	谚	掖	谒	逸	淫	婴
萤	淤	隅	渊	酝	铡	绽	趾	掷	窒	蛀	缀

横折弯钩

乙

横折弯钩在字中常作主笔,要写得舒展大方。横笔入笔较轻,竖笔略向左斜,弯钩舒展,出钩向上。

九 几 吃 旭

扫码看视频

宝盖

宀 ⇨ 宀

首点居中,左点折向右上连写横钩,出钩较平,钩身勿长。

宇	宇	宇	宇		宇	宇
宝	宝	宝	宝		宝	宝
宁	宁	宁	宁		宁	宁

山字头

山 ⇨ 山

山字头不要过大,短竖居中,竖折上斜,末竖变撇,形小,位置靠下。

岸	岸	岸	岸		岸	岸
岩	岩	岩	岩		岩	岩
岁	岁	岁	岁		岁	岁

儿字底

儿 ⇨ 儿

撇画较直,竖弯钩舒展有力,注意撇画位置比竖弯钩略高。

兄	兄	兄	兄		兄	兄
先	先	先	先		先	先
兑	兑	兑	兑		兑	兑

心字底

心 ⇨ 心

心字底的次点和末点可连写成横连点,注意卧钩要平,出钩指向字心。

思	思	思	思		思	思
恩	恩	恩	恩		恩	恩
念	念	念	念		念	念

走之

辶 ⇨ 辶

走之点画偏右,横折折撇简写,形似竖折撇,捺画一波三折。

这	这	这	这		这	这
进	进	进	进		进	进
还	还	还	还		还	还

综 12画 隘 跋 掰 谤 惫 焙 渤 跛 揍 畴

揣 赐 搓 锉 氮 蒂 缔 奠 鼎 痘 牍 敦

遏 愕 筏 焚 赋 雇 棺 蛤 酤 韩 葫 痪

惶 蛔 棘 颊 溅 蒋 窖 窘 鹃 竣 揩 溃

揽 缆 榔 棱 雳 痢 晾 琳 硫 缕 氯 媒

媚 缅 渺 募 湃 彭 嵌 翘 琼 搔 骚 甥

赎 黍 酥 粟 遂 棠 啼 椭 腕 猬 晰 犀

湘 翔 硝 锌 猩 婿 喧 腌 蜒 堰 椰 腋

揖 壹 逾 喻 寓 粤 凿 喳 滞 椎 琢 揍

13画 靶 蓖 痹 缤 禀 蝉 痴 雏 椿 碘 碉

锭 睹 跺 辐 缚 裰 瑰 蒿 幌 畸 辑 嫉

剿 靖 楷 窟 筷 窥 魁 廓 榄 酪 楞 漓

馏 裸 锚 楣 锰 瞄 谬 馍 寞 睦 腻 溺

技法讲解

横斜钩

乛

横斜钩在书写时横笔略斜，转折处棱角分明，斜钩要写得自然饱满，弧度流畅，末尾出钩向上，短而有力。

飞 气 氛 佩

扫码看视频

日字旁

日 ⇨ 日

日字旁在左时形小靠上,中横和末横连写成"2"字符,牵丝轻盈。

晴	晴	晴	晴		晴	晴
旺	旺	旺	旺		旺	旺
时	时	时	时		时	时

目字旁

目 ⇨ 目

目字旁横画较多,书写时要注意等距,内部两横与末横连写,末横可写作提。

眼	眼	眼	眼		眼	眼
眯	眯	眯	眯		眯	眯
睡	睡	睡	睡		睡	睡

左耳刀

阝 ⇨ 阝

左耳刀的耳刀不宜过大,竖画略长,整体形态窄长。

陈	陈	陈	陈		陈	陈
阵	阵	阵	阵		阵	阵
队	队	队	队		队	队

右耳刀

阝 ⇨ 阝

右耳刀横撇弯钩的转折处较为圆润,耳刀较大,竖画应写成悬针竖。

邮	邮	邮	邮		邮	邮
部	部	部	部		部	部
那	那	那	那		那	那

西字头

西 ⇨ 西

首横宜短,整体形扁,外框短竖内收,内部竖画使框内空间分布均匀。

要	要	要	要		要	要
贾	贾	贾	贾		贾	贾
粟	粟	粟	粟		粟	粟

硼	鹏	频	聘	蒲	跷	寝	蓉	溶	腮	瑟	煞
嗜	署	蜀	湖	嗦	搪	誊	颓	蚬	嗡	蜗	蜈
鹉	媳	暇	锹	腺	楔	嗅	靴	衙	肆	溢	颖
蛹	猿	斟	稚	锥	淬	14画 蔼	熬	碡	蝉	雌	
粹	瘩	嘀	嫡	碟	镀	孵	箍	寡	赫	褐	箕
碱	酵	兢	慷	寥	蔓	幔	摹	蔫	喊	榕	僧
墅	漱	隧	谭	碳	舔	褪	蔚	瘟	熙	辖	箫
漩	熏	漾	缨	踊	舆	辕	彰	蔗	榛	赘	15画
鞍	澳	懊	磅	褒	蝙	膘	憋	瘪	嘲	澈	澄
醇	撮	墩	樊	敷	蝠	橄	镐	憨	鹤	嘿	蝗
稽	鲫	磕	蝌	澜	鲤	撩	嘹	潦	缭	凛	瘤
篓	履	撵	碾	镊	潘	澎	翩	谴	憔	撬	擒
褥	蕊	嘶	瘫	潭	豌	嬉	蝎	豫	蕴	憎	樟

技法讲解

横折折撇

3

横折折撇由横折和横撇组成，两处转折形成上紧下松之势，注意重心平稳，撇要略有弧度。

及 廷 吸 级

扫码看视频

双人旁

亻 ⇒ 亻

双人旁两撇连写,首撇较短,次撇较长,竖画稍短,接于撇画下段。

示字旁

礻 ⇒ 礻

点画轻入笔,尾部出锋启带下部,撇画和点画连写成回折撇。

木字旁

木 ⇒ 木

木字旁横画略向左伸,竖画不要写得过长,撇、点连写成回折撇。

禾木旁

禾 ⇒ 禾

禾木旁短撇较平,横画左伸右缩以让右,横画末尾上挑连写竖画,撇、点连写成回折撇。

女字旁

女 ⇒ 女

女字旁撇点简写为斜捺,捺画末端可向上出锋,撇画尾部上挑连写提画。

很	很	很	很	很	很
得	得	得	得	得	得
征	征	征	征	征	征
祝	祝	祝	祝	祝	祝
视	视	视	视	视	视
福	福	福	福	福	福
林	林	林	林	林	林
柏	柏	柏	柏	柏	柏
杨	杨	杨	杨	杨	杨
秋	秋	秋	秋	秋	秋
秒	秒	秒	秒	秒	秒
积	积	积	积	积	积
妈	妈	妈	妈	妈	妈
妇	妇	妇	妇	妇	妇
奴	奴	奴	奴	奴	奴

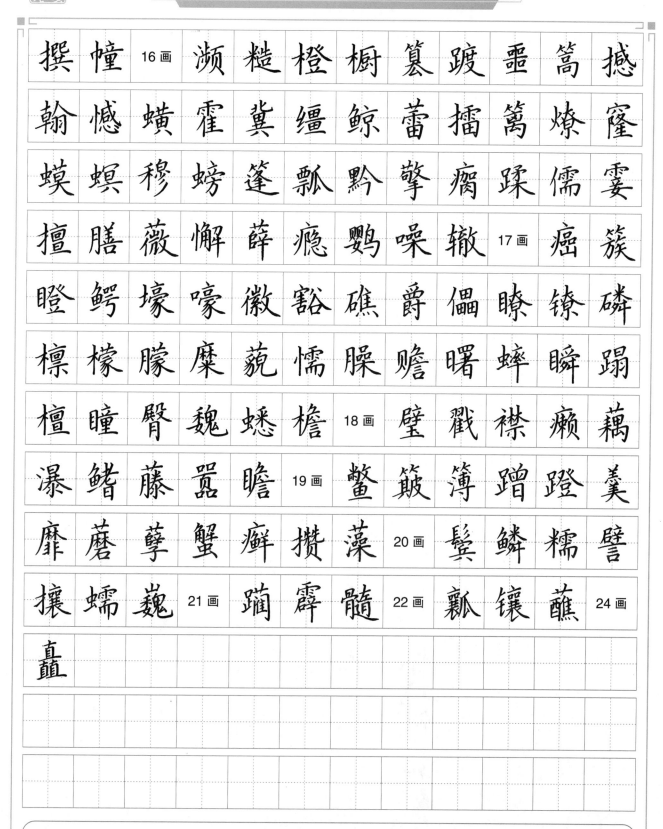

撰	幢	16画	濒	糙	橙	橱	篡	蹉	霾	篙	撼
翰	憾	螨	霍	冀	缰	鲸	蕾	擂	篱	燎	窿
蟆	螟	穆	螃	篷	瓢	黔	擎	腐	蹂	儒	霎
擅	膳	薇	懈	薛	瘾	鹦	噪	辙	17画	癌	簇
瞪	鳄	壕	嚎	徽	豁	礁	爵	儡	瞭	镣	磷
檩	檬	朦	糜	蘑	懦	臊	赡	曙	蟀	瞬	蹋
檀	瞳	臀	魏	蟋	檐	18画	璧	戳	襟	癫	藕
瀑	鳍	藤	嚣	瞻	19画	鳌	簸	簿	蹭	蹬	羹
靡	蘑	孽	蟹	癣	攒	藻	20画	鬓	鳞	糯	譬
攘	蠕	巍	21画	蹿	霹	髓	22画	瓤	镶	醮	24画
矗											

技法讲解

横折折折钩

3

横折折折钩整体结构上紧下松，斜而不倒，其折法和角度都要随字形的不同而变化，切忌死板。

乃 奶 汤 孕

扫码看视频

027

15画 Z　16—24画

牛字旁

牛 ⇒ 牛

牛字旁撇画连横，横末上挑接写竖画，竖末出钩连写提画，四笔连写，一气呵成。

提手旁

扌 ⇒ 扌

提手旁一笔连写，横画和竖钩构成反线结，竖钩和提画构成方线结。

竖心旁

忄 ⇒ 忄

竖心旁三笔连写，竖为垂露竖，直挺有力。

巾字旁

巾 ⇒ 巾

巾字旁短竖和横折钩连写，横折钩略带弧度，竖画为垂露竖，整体窄长。

单人旁

亻 ⇒ 亻

撇画入笔稍顿，尾部不出锋；竖画较短，末尾处可出锋启带右部。

牲 牲 牲 牲 牲 牲

物 物 物 物 物

特 特 特 特 特

拨 拨 拨 拨 拨

扔 扔 扔 扔 扔

持 持 持 持 持

怀 怀 怀 怀 怀

忆 忆 忆 忆 忆

慢 慢 慢 慢 慢

帕 帕 帕 帕 帕

帐 帐 帐 帐 帐

帆 帆 帆 帆 帆

伤 伤 伤 伤 伤

他 他 他 他 他

你 你 你 你 你

由楷书向行楷过渡

　　行楷作为楷书向行书过渡的字体，有其自身的书写规律。行楷既不同于一点一画、规矩整齐的楷书，又有别于牵丝连带的行书；既像楷书一样容易辨认，又具有行书书写快捷的特点。我们总结了由楷书变行楷的基本途径，也可称为行楷的基本特征。

　　以下是由楷书变行楷的七种基本途径。

以楷为本，牵丝萦带

光 ⇨ 光

　　很多时候，行楷是在楷书的基础上快写形成的。笔画牵丝萦带，连接更为自然。

光	光	光	光		光	光
光	光	光	光		光	光
光	光	光	光		光	光

以曲代直，变直为弧

贡 ⇨ 贡

　　所谓变直为弧就是将楷书中一些平直的笔画用弯曲的笔画代替，从而使运笔更加流畅快捷。

贡	贡	贡	贡		贡	贡
贡	贡	贡	贡		贡	贡
贡	贡	贡	贡		贡	贡

以转代折，减少停顿

占 ⇨ 占

　　在行楷的转折拐弯处，常用转笔代替折笔，变方折为圆转，以减少顿笔时间，从而加快行笔速度。

占	占	占	占		占	占
占	占	占	占		占	占
占	占	占	占		占	占

·举一反三·

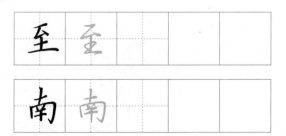

行楷偏旁

　　在行楷中,由于笔画的简省和连带,使偏旁的形态发生了改变。在书写时我们要写好笔画的连带变化。练习偏旁,注意是要与字的整体同时练习,同一种偏旁在不同的字中,有着不同的表现形式。

　　以下我们会展示相同偏旁的楷书写法和行楷写法,在练习时要注意体会楷书到行楷的变化以及行楷的书写技巧。

三点水

氵 ⇒ 氵

首点较平,位置偏右,后两点连写,形状似竖提。整体形状偏窄长。

汗	汗	汗	汗		汗	汗	
没	没	没	没		没	没	
淡	淡	淡	淡		淡	淡	

尸字头

尸 ⇒ 尸

尸字头横折、横连写,字框较小,撇画长直,撇尾可带附钩。

尾	尾	尾	尾		尾	尾	
层	层	层	层		层	层	
屈	屈	屈	屈		屈	屈	

绞丝旁

纟 ⇒ 纟

绞丝旁一笔连写,首撇较长,折笔连带次撇,夹角较小,提画勿长。

红	红	红	红		红	红	
经	经	经	经		经	经	
绞	绞	绞	绞		绞	绞	

欠字旁

欠 ⇒ 欠

欠字旁首撇和横钩连写,横钩略带弧度,捺画通常写作反捺。

砍	砍	砍	砍		砍	砍	
吹	吹	吹	吹		吹	吹	
炊	炊	炊	炊		炊	炊	

以点代画，以短替长

杏 ⇨ 杏

在行楷中，常用点画来代替许多笔画，或者用短替长、以连代断、以少替多，使行楷笔势更流畅简洁。

顺逆并用，疾徐交替

玉 ⇨ 玉

行楷部分笔画的起笔因承上启下而改变笔顺，顺逆兼用，疾徐互参，相辅相成。

增减钩挑，画无定形

欢 ⇨ 欢

行楷常常在收笔处顺势带出一些钩挑，或者省略一些钩挑，这些钩挑的增减因字而异，画无定形。

变繁为简，略具草意

以 ⇨ 以

书写行楷时，可适当加入一些草书笔法，即勾画出字的轮廓，合理引用草法，增强线条流动性。

杏	杏	杏	杏		杏	杏
杏	杏	杏	杏		杏	杏
杏	杏	杏	杏		杏	杏
玉	玉	玉	玉		玉	玉
玉	玉	玉	玉		玉	玉
玉	玉	玉	玉		玉	玉
欢	欢	欢	欢		欢	欢
欢	欢	欢	欢		欢	欢
欢	欢	欢	欢		欢	欢
以	以	以	以		以	以
以	以	以	以		以	以
以	以	以	以		以	以

·举一反三·

永 永

比 比

圣 圣

份 份

"2"字符

$\exists \Rightarrow \gamma$

形似快写的阿拉伯数字"2"，笔速较快。常用于纵向两点连写，点、提连写或连横的书写。

"3"字符

$\exists \Rightarrow 3$

形似快写的阿拉伯数字"3"，有些字简省笔画时多用此法。

蟹爪钩

小 $\Rightarrow$ 小

蟹爪钩常用于竖钩和点的连写，点画不要过大。

反线结

大 $\Rightarrow$ 大

常用于横与竖、横与撇的连写，线结不宜太大，连带要自然轻细。

方线结

才 $\Rightarrow$ 才

多用于竖、竖钩与提等的连写，连带时牵丝较重，线结呈三角形。

兆	兆	兆	兆		兆	兆	
水	水	水	水		水	水	
习	习	习	习		习	习	
月	月	月	月		月	月	
直	直	直	直		直	直	
其	其	其	其		其	其	
导	导	导	导		导	导	
寻	寻	寻	寻		寻	寻	
过	过	过	过		过	过	
在	在	在	在		在	在	
轩	轩	轩	轩		轩	轩	
批	批	批	批		批	批	
打	打	打	打		打	打	
牧	牧	牧	牧		牧	牧	
轻	轻	轻	轻		轻	轻	

行楷连写笔画

行楷在书写过程中由于笔画间的连带形成了一些与楷书明显不同的笔画，主要表现为连点、连横、连竖、连撇、线结和一些带附钩的笔画。

以下我们会展示相同笔画的楷书写法和行楷写法，练习时注意体会楷书到行楷的变化以及行楷的书写技巧。

横连点

横向排列的两点连带书写，行笔呈流动状。注意笔画的连带起伏。

忽	忽	忽	忽	忽	忽
思	思	思	思	思	思
慕	慕	慕	慕	慕	慕

纵连点

纵向排列的两点连带书写，行笔要有节奏，两点形状明显，连接要流畅自然。

冬	冬	冬	冬	冬	冬
尽	尽	尽	尽	尽	尽
斗	斗	斗	斗	斗	斗

两连横

两横连写，两横长短要有所变化，连带时牵丝要轻，一带而过，不可生硬。

杆	杆	杆	杆	杆	杆
丰	丰	丰	丰	丰	丰
并	并	并	并	并	并

三连横

三横连写，笔画都是由轻到重，笔画间的牵丝连带要轻盈自然。末横长短因字而异。

拜	拜	拜	拜	拜	拜
雕	雕	雕	雕	雕	雕
焦	焦	焦	焦	焦	焦

两连竖

丨丨 ⇨ 刂

首竖较短，略带弧度，竖末上挑牵丝连带下一笔，次竖一般用悬针竖，竖画长直，末端出锋。

两连撇

丿 ⇨ 彡

首撇较短，牵丝短而圆润，带一点弧度，次撇较长，撇末可带附钩。

三连撇

彡 ⇨ 彡

三连撇的写法与两连撇基本相同，整体呈游动状，末撇要写得长一点。

土线结

土 ⇨

用于竖画带横的连写，线结不宜太大。常用于有"王"部、"土"部的字中。

游动线

疋 ⇨ 乏

多用于"走"、"是"的底部，写法与三连横相似，捺笔要写得一波三折。

刺　到　别　徐　行　待　参　杉　衫　王　主　狂　走　越　起